EXAMEN

DE

L'APOLOGIE DE L'ABBÉ D'ANFERNET

PRÊTRE INSERMENTÉ,

Publiée par M. l'abbé LOTH,

SOUS CE TITRE :

UN CONFESSEUR DE LA FOI A ROUEN EN 1794,

PAR

E. DE LA QUÉRIÈRE,

Membre de l'Académie impériale des Sciences, Belles-Lettres et Arts de Rouen,
de la Société d'Émulation, du Commerce et de l'Industrie
de la Seine-Inférieure, et de plusieurs
autres Sociétés savantes.

ROUEN,

IMPRIMERIE DE H. BOISSEL,

RUE DE LA VICOMTÉ, 55.

—

1866.

EXAMEN

DE

L'APOLOGIE DE L'ABBÉ D'ANFERNET

Publiée sous ce titre :

UN CONFESSEUR DE LA FOI A ROUEN EN 1794.

Pendant la tourmente révolutionnaire, la ville de Rouen, par une heureuse exception, ne fut point affligée par les scènes déplorables qui ensanglantèrent la plupart des grandes villes de France. Grâce à la sagesse de sa population et à l'esprit de modération qui animait les autorités qui la gouvernèrent à cette époque difficile, elle sut rester pure de tout excès. Une seule fois l'échafaud politique se dressa dans ses murs, et voici à quelle occasion :

Robespierre venait de tomber. Jusqu'alors, aucune affaire capitale n'avait point encore été évoquée à Rouen, et l'on pouvait espérer qu'avec le règne des trop fameux Triumvirs cesserait le régime de terreur qu'ils avaient appliqué avec une rigueur impitoyable, lorsque sept semaines après le 9 thermidor, un ancien chapelain du château de Roumare, nommé Georges Michel d'Anfernet de Bures, qui avait refusé de prêter le serment exigé par la loi, et depuis près de deux ans parcourait sous un déguisement les campagnes du pays de Caux en y exerçant les fonctions du culte, fut arrêté à Maromme, mis en jugement, fatalement condamné et exécuté.

C'est le panégyrique de cet infortuné que M. l'abbé Loth a publié il y a quelques mois, sous la forme d'une homélie dont le style pompeux et les sentiments exagérés font tout d'abord connaître sous quel aspect il a appris à envisager l'histoire de la Révolution française.

J'étais encore adolescent lorsque fut jugée cette affaire. J'en entendis parler à divers membres de ma famille, notamment à ma mère, femme très pieuse qui s'en était émue, et j'ai parfaitement conservé la mémoire de la fin tragique de d'Anfernet.

Comme le caractère et la conduite de ce malheureux prêtre et certains détails de son procès ne me paraissent pas avoir été présentés d'une manière exacte dans cet écrit, j'ai pensé qu'il était bon de ne pas laisser accréditer les appréciations erronées dans lesquelles est tombé M. Loth.

M'appuyant donc sur mes propres souvenirs restés, je le répète, bien fidèles, aussi bien que sur le sentiment des contemporains témoins de ce funeste événement, je vais essayer de rétablir les faits sous leur véritable jour.

M. l'abbé Loth veut à toute force faire passer son héros pour un martyr mort pour la Foi, lorsqu'il ne peut être véritablement considéré par les gens impartiaux que comme un homme exalté et de plus, audacieusement rebelle aux lois de son pays, lois cruelles, il n'est que trop vrai, mais qu'en somme il ne tenait qu'à lui de ne pas braver.

Lorsqu'on apprit sa condamnation, les gens les plus opposés à la Révolution, et particulièrement des ecclésiastiques, furent unanimes pour blâmer sa conduite, que l'on qualifiait d'imprudence inconcevable, voire même de fanatisme outré. Telle fut la première impression du moment.

Beaucoup de ses confrères insermentés comme lui, mais plus sages, n'avaient point osé se montrer au grand jour. Un très grand nombre étaient venus de tous côtés se réfugier dans la ville de Rouen ; bien des maisons même en recélaient plusieurs. Ces prêtres pouvaient exercer leur ministère dans l'ombre, mais ils avaient assez de prudence pour ne pas exposer leur personne et compromettre en même temps ceux qui leur avaient donné asile. Maintes fois, sur des ordres supérieurs, on fit faire des perquisitions dans les maisons pour atteindre des prêtres cachés, mais ces recherches furent sans résultat. Les citoyens délégués à cet effet fermaient les yeux pour ne pas voir, et leur humanité envers les proscrits les empêcha toujours d'en découvrir aucun.

M. l'abbé Loth se plaît à employer ce mot : *prêtre catholique*, qu'il applique constamment à ceux qui avaient refusé le serment et étaient devenus réfractaires aux lois. Mais les prêtres qui avaient prêté le premier serment exigé des fonctionnaires publics, quels qu'ils fussent, prêtres ou laïques, puis, successivement, les serments exigés de tous les prêtres en général, se croyaient et étaient en réalité tout aussi bons catholiques que les réfractaires. Aucune innovation, en effet, n'avait été introduite dans le dogme ni dans le culte. Jamais les prêtres assermentés n'ont cru porter atteinte à la foi catholique, et ils l'ont constamment enseignée et pratiquée, en reconnaissant le Pape comme chef de l'église catholique, apostolique et romaine, dont jamais ils n'ont entendu se séparer. Même un peu avant la conclusion du Concordat, ils tentèrent de faire leur paix avec la cour de Rome, qui les avait déclarés schismatiques, non pas au lendemain du serment, mais seulement plusieurs mois après.

D'ailleurs, nous le répétons, ce premier serment, décrété par l'Assemblée nationale constituante, en 1790, et approuvé par le Roi, était le même pour tous les fonctionnaires, n'importe à quel ordre ils appartinssent : c'était un serment demandé au citoyen, et pas autre chose. Les prêtres, considérés comme fonctionnaires publics, étaient les évêques, les curés, les vicaires; eux seuls devaient prêter ce serment, dont voici la formule : « Je jure d'être fidèle à la Nation, à
« la Loi et au Roi, et de maintenir de tout mon pouvoir
« la Constitution décrétée par l'Assemblée nationale et
« acceptée par le Roi. »

La seule différence établie pour le serment des prêtres consistait dans l'addition d'une phrase précédant cette formule, et qui, certes, n'avait rien qui pût blesser la conscience des ecclésiastiques. Ils devaient prononcer d'abord ces paroles :

« *Je jure de veiller avec soin sur les fidèles du diocèse*
« (ou *de la paroisse*), d'être fidèle à la Nation, à la Loi
« et au Roi, et de maintenir, etc. »

Tel était ce serment, que les ennemis de la Révolution qualifièrent de serment *impie*, *abominable*, qui attira sur ceux qui l'avaient prêté tous leurs anathèmes et tous leurs mépris, et fut l'occasion d'un schisme déplorable qu'on aurait pu facilement éviter.

Les décrets de l'Assemblée nationale relatifs au temporel du clergé et à la nomination des évêques, curés, etc., suivant la Constitution de l'Etat, n'avaient point d'abord rencontré d'opposition ouverte de la part du Pape. Il se taisait et il est à croire qu'il aurait évité de se prononcer sur tous ces changements; mais les hommes hostiles aux principes de la Révolution, les grands dignitaires de l'Eglise, et tous ceux, dans l'ordre civil comme dans l'ordre religieux, dont les priviléges et les titres même avaient été abolis, forcèrent le Pape, qui laissait faire, à intervenir en leur faveur.

Ainsi, c'est à l'orgueil et à l'obstination des anciens privilégiés qu'il faut attribuer le schisme qui sépara, pendant dix années, l'Eglise de France en deux camps.

Un contemporain, le marquis de Ferrières, dans ses Mémoires sur la Révolution française, s'exprime à ce sujet d'une manière très explicite et qui corrobore pleinement ce que je viens d'avancer.

Une erreur capitale dans laquelle sont tombés les historiens de la Révolution, c'est d'avoir donné pour cause au schisme qui désola l'Eglise en France, un prétendu serment exigé à la *Constitution civile du Clergé*. Or, par ce mot *Constitution*, il faut entendre l'administration, ou l'organisation civile du clergé, et l'*Instruction* publiée par l'Assemblée nationale sur l'*administration civile du Clergé*, porte littéralement que l'Assemblée nationale assujétit les ecclésiastiques fonctionnaires publics à jurer qu'ils maintiendront la *Constitution de l'Etat.* Certes il n'y avait rien là, nous le répétons à dessein, qui pût blesser leur conscience.

Les prêtres qui s'étaient soustraits à l'obligation du serment, durent renoncer aux places qu'ils occupaient, mais ils furent reçus dans les églises desservies par les prêtres sermentés ; ils y conféraient les sacrements et y disaient la messe ; enfin, le bon accord régnait entre eux et les prêtres *jureurs* (c'est le terme de mépris que les autres leur avaient donné). Ceux-ci entouraient de leur bienveillance les *bons* prêtres non assermentés, qui, plus tard, il faut bien le dire, lors de la mise à exécution du Concordat de 1801, ne les payèrent guère de retour : car il les traitèrent en vaincus, à peu près comme firent en 1814, à la chute du premier Empire, les nobles et les émigrés qui étaient restés à l'étranger, lorsqu'ils rentrèrent en France avec Louis XVIII. Et cependant, les prêtres constitutionnels pouvaient se dire, à aussi bon droit, les défenseurs de la foi catholique ; car, sans eux, que serait devenue la croyance chrétienne dans l'esprit du peuple abandonné à lui-même, pendant les huit années de 1793 à 1802 ? Elle eut été certes bien affaiblie. Heureusement, la fermeture des églises et la suppression du culte durèrent à peine quinze mois.

Je peux personnellement rendre témoignage de la condescendance des prêtres constitutionnels envers leurs confrères non sermentés.

Ma vertueuse mère, femme d'un grand mérite, nous conduisait mon frère et moi, tous les dimanches à la Cathédrale, à l'une des basses-messes qui se célébraient, comme aujourd'hui, avant la grand'messe chantée. Chaque fois qu'un prêtre vêtu de ses habits sacerdotaux, et portant le calice, sortait de la sacristie, au son de la clochette qui est encore la même, un petit groupe de fidèles entourait ce prêtre, et les personnes qui le suivaient à la chapelle où il devait s'arrêter, adressaient cette question à leurs voisins : *Est-il bon, celui-là?* mais le plus grand nombre des fidèles assistait aux offices comme par le passé, sans faire cette distinction puérile.

Je me rappelle parfaitement avoir servi la messe à l'un de ces *bons* prêtres, à la chapelle de la Vierge, sous le jubé.

Nous allions entendre les vêpres aux chapelles des couvents de femmes, qui ne furent définitivement fermées que vers la fin de l'année 1792, et où la présence des prêtres réfractaires était encore tolérée de fait, mais non publiquement.

Ainsi, nous allions tantôt aux Carmélites, à Bellefonds, à Saint-Amand, tantôt aux frères Saint-Yon.

Peu de temps avant la catastrophe du 10 août 1792, ma seconde sœur vint à se marier. Ce fut un prêtre insermenté, notre parent, qui donna aux époux la bénédiction nuptiale dans l'église de Quévreville-la-Poterie, à quelques lieues de Rouen, et cela se fit avec la permission du curé de cette paroisse, dont le consentement était absolument nécessaire. Combien de traits semblables on pourrait citer à l'honneur du clergé sermenté dont l'esprit de tolérance eut souvent occasion de se montrer à propos des naissances, des mariages et des décès, puisque jusqu'au mois de septembre 1792, le clergé catholique continua de posséder, comme par le passé, les registres de l'Etat civil.

A entendre les ennemis du nouvel ordre de choses, qui regrettent l'ancien régime, ou ceux qui à leur suite et par ignorance de la vérité, tiennent le même langage, la Révolution de 1789 n'aurait eu pour adhérents que des fauteurs de troubles, que des amis du désordre, ne demandant que le pillage ; enfin, que des hommes animés des plus mauvaises passions. Changez les termes et vous serez dans le vrai. Les excès sont nés à la fin de 1792, principalement de l'opposition insensée des privilégiés, et de la lutte qu'ils engagèrent en faisant appel à l'étranger à cause de leur petit nombre. Que serait devenue la France si elle eût succombé dans cette guerre où sa liberté et son existence même étaient menacées. Le sort de la malheureuse Pologne l'attendait : c'eut été pis encore, puisque à la domination étrangère serait venue se joindre l'oppression redoublée du Tiers-Etat par des privilégiés avides de vengeance ; le sang eut coulé à flots.

La Nation tout entière vit avec joie l'aurore de notre grande Révolution. Lors des fédérations qui se formèrent en 1790 dans les principales villes de France, et qui donnèrent lieu à des fêtes civiques dignes de l'antiquité, l'enthousiasme fut au comble.

La suppression des couvents s'opéra sans qu'on regrettât aucunement les moines ; on les méprisait, et la réduction des églises paroissiales, là où elles étaient trop nombreuses, quoique rompant de vieilles habitudes et des souvenirs auxquels le cœur s'attache, était reconnue si nécessaire que les fidèles s'y soumirent, malgré leurs déplaisirs et sans murmurer hautement.

A Rouen, ville capitale de la Normandie, métropole judiciaire et ecclésiastique, où les privilégiés et ceux qui leur appartenaient de près ou de loin étaient si nombreux, l'immense majorité des habitants avait accepté spontanément toutes les réformes opérées par l'Assemblée nationale. Le haut commerce acheta les églises supprimées et quelques couvents pour les convertir en magasins. Dans le quartier habité par les négociants, il y avait bien des rues (je pourrais citer pour exemple la rue aux Ours où demeurait mon père) dans lesquelles on comptait à peine trois ou quatre maisons *aristocrates*; le reste était démocrate ou *patriote*, comme on disait alors.

Ce rare et touchant accord entre les membres d'une nation naguère partagée en castes et désormais réunie en un seul corps, ne tarda pas à être rompu par les intrigues des hauts privilégiés qui voulaient reprendre leur ancienne puissance : sentant leur faiblesse numérique, ils allèrent solliciter le secours de l'étranger. Il s'en suivit une guerre à mort entre les ennemis déclarés de la Révolution et les Français attachés aux principes nouvellement proclamés.

La coalition des puissances étrangères contre la France, la proclamation solennelle par tout le pays de la *Patrie en danger*, l'appel aux *Volontaires* pour sa défense, la publication du manifeste terrifiant du duc de Brunswick, le renversement du trône de Louis XVI, qui, depuis sa tentative de fuite, avait perdu sans retour la confiance de la nation, tous ces événements avaient soulevé dans les esprits une irritation extraordinaire. La colère du peuple était au comble contre les ennemis du dedans ou ceux qui étaient regardés comme tels : émigrés et prêtres réfractaires. Dès-lors, il s'en suivit des excès de tous genres et d'affreux massacres.

Jamais crise plus épouvantable ne désola un pays : guerre au dehors sur toutes nos frontières, la mer fermée à nos vaisseaux ; guerre au-dedans, à l'Ouest, à l'Est, au Midi ; guerre fratricide, horrible, et, pour surcroît de maux, la famine à laquelle le peuple se résigna sans se soulever contre la République, malgré l'incitation de ses ennemis.

Les mesures les plus sévères, dictées par la peur, furent mises à exécution. C'est ainsi que la loi des suspects de septembre 1793 fut rendue sur le rapport du célèbre jurisconsulte Merlin de Douai, dont le nom fait encore autorité aujourd'hui.

Cette loi fit incarcérer à Rouen quatre cents personnes de toutes les opinions, dont la grande majorité était fort inoffensive et incapable de conspirer contre le gouvernement. Heureusement, aucune d'elles ne périt et ne fut même sérieusement menacée : la liberté leur fut rendue à tous quelques semaines après le 9 thermidor.

Un de mes beaux-frères était incarcéré à la maison de détention établie à Saint-Yon, tandis que, dans le même temps, mon autre beau-frère faisait partie du Conseil général de la commune. Celui-ci rendit des services qui pouvaient l'exposer à la rigueur des lois. D'autres hommes également en place ne montrèrent pas moins de générosité et de courage ; ce qui n'empêcha pas plus tard les réactionnaires de les représenter comme des monstres affreux qui avaient fait peser sur leurs concitoyens un despotisme intolérable ; et cependant ces fonctionnaires n'avaient fait qu'exécuter les injonctions des comités du gouvernement révolutionnaire, lesquelles étaient accompagnées souvent de ces terribles paroles : *Vous en répondez sur votre tête*.

Si je ne puis espérer de vaincre les antipathies de M. Loth contre tout ce qui touche à la Révolution, antipathies qui tiennent à son éducation première et à l'esprit qui a dirigé ses études historiques, qu'il me permette de les combattre sur un point, en lui rappelant ce qu'il paraît ignorer, qu'en France les administrations civile et judiciaire furent composées dès l'origine de la Révolution, depuis l'année 1789 jusqu'en 1793, d'hommes parfaitement honorables. A l'époque néfaste de la Terreur, quelques hommes ardents partagèrent les passions populaires contre ceux qui tenaient pour l'ancien régime abhorré; et encore, chez nous, ces républicains exaltés furent-ils, Dieu merci, très peu nombreux. On cite même d'éminents services rendus par plusieurs d'entre eux.

Ce système de compression contre les ennemis de la Révolution s'exerça même sur les partisans les plus dévoués du nouvel ordre politique ; beaucoup parmi ces derniers tombèrent, mais pas un seul à Rouen, victimes des factions qui se disputaient le pouvoir et qui poussaient la défiance jusqu'à s'accuser réciproquement, et fort injustement, de trahison.

Le régime de la Terreur dura encore quelques mois après la chute de Robespierre, jusqu'au moment où une réaction furieuse se fit jour, dans laquelle les immolations se multiplièrent en sens opposé.

M. Loth peint sous les plus tristes couleurs tous ceux qui instruisirent le procès du malheureux d'Anfernet, notamment Legendre, président du tribunal, et

Leclerc, accusateur public. Qu'il sache que ceux qui composaient alors l'administration judiciaire étaient d'honnêtes gens ; que plusieurs même étaient connus pour leur bienveillance et la bonté de leur caractère. Tels étaient entr'autres M. Cabissol, qui fut nommé conseiller de préfecture, dès le principe, et demeura en fonctions jusque sous la Restauration ; M. Avenel, qui fut président du Tribunal civil, puis conseiller à la Cour d'appel, successivement impériale et royale ; M. Queval, qui a été longtemps juge au Tribunal civil de Rouen : c'était tout à la fois un homme de bien et un homme d'esprit ; M. Mouard, juge-de-paix, qui fut entendu comme témoin au procès, était aussi très estimé ; Jean Thiboutot, le greffier, occupait encore cet emploi sous la Restauration. Je puis enfin citer M. Legendre qui, dès l'année suivante, en 1795, fut porté par les électeurs de Rouen au Conseil des Cinq-Cents, et plus tard fut élu président de la Société libre d'Emulation de notre ville.

Quant à Leclerc, il me semblerait assez juste de lui tenir compte du caractère dur et impitoyable que de tout temps les fonctions d'accusateur public ont en quelque sorte imposé aux magistrats qui en sont revêtus ; mais, pour être sincère, j'ajouterai que mes souvenirs me rappellent qu'on lui imputait de partager les idées exagérées des têtes ardentes de l'époque.

Cependant, au milieu des rapports que des royalistes rédigèrent en 1795 dans un sens opposé, mais non moins exagéré contre les terroristes de Rouen, rapports où rien ne fut oublié et où les reproches les plus durs sont prodigués, même pour des faits insignifiants, un long article est spécialement consacré à Leclerc. Or, aucun grief ne lui est fait au sujet de l'affaire capitale de d'Anfernet, la plus grave de celles où il prit la parole. Certes, si à propos de ce procès les auteurs de ces pamphlets eussent trouvé à mordre contre Leclerc, ils n'eussent pas manqué de saisir cette occasion pour l'accabler et le signaler une fois de plus à la vindicte publique. Le silence que gardent ces rapports sur l'affaire de d'Anfernet, quand elle était encore toute récente, prouve précisément l'exactitude de ce que je viens d'avancer, à savoir que ses contemporains, ceux-là mêmes qui, comme lui, étaient opposés au courant de l'époque, purent le plaindre, mais que dans les circonstances où il s'était placé, ils ne songèrent pas à le glorifier.

Dans l'interrogatoire que l'accusateur public fit passer à d'Anfernet, celui-ci, en présence des pièces à conviction sur lui saisies, déclara qu'il avait envoyé un mémoire sur la situation de diverses paroisses du pays de Caux à un de ses supérieurs de Rouen, qu'il eut le bon sens de déclarer ne pas connaître, mais que, néanmoins, il supposait y rencontrer. Il faut toujours savoir gré à Leclerc comme aux autres membres du Tribunal d'avoir laissé tomber cet aveu et de n'y avoir pas donné suite, en faisant rechercher ces supérieurs, qu'ils n'eussent pas eu grand peine à trouver dans la ville. Si mal faite que fût alors la police, elle eût bien su en découvrir plusieurs : on connaissait bien les maisons qui les renfermaient.

M. l'abbé Loth, entraîné par son sujet, a émis, à la page 68 de son livre, cette assertion qui nous semble singulièrement hasardée : « Dans les massacres de

« septembre, aux Carmes et ailleurs, dans les condam-
« nations des tribunaux révolutionnaires de Paris, on
« a toujours mêlé aux accusations religieuses des griefs
« politiques... Mais pour l'abbé d'Anfernet, c'est sa
« seule qualité de prêtre qui l'envoie à l'échafaud. On
« trouverait difficilement dans les actes des martyrs de
« ce temps un sacrifice entouré de plus de garanties et
« de témoignages plus authentiques. »

Cette affirmation si précise et la comparaison peu bienveillante établie entre les *septembriseurs* et les juges de d'Anfernet ne sauraient se soutenir en présence des documents et des pièces justificatives que M. Loth a rassemblés lui-même pour la plus grande édification de ses lecteurs.

Non, ce n'est pas seulement sa qualité de prêtre qui fit monter sur l'échafaud le malheureux d'Anfernet.

Que dit le réquisitoire de l'accusateur public ? (page 71) :

« Vu que M. G.-F. d'Anfernet, dit de Bures, *n'a*
« *point*, de son propre aveu, *prêté le serment de main-*
« *tenir la liberté et l'égalité*, conformément à la loi du
« 15 août 1792 (vieux style) ; que, de son propre aveu,
« il s'est soustrait à la loi du 23 avril 1793 (vieux style),
« qui ordonnait la déportation des prêtres qui n'avaient
« point prêté le serment de maintenir la liberté et l'é-
« galité..., et qu'au contraire il a erré dans les com-
« munes du département, *où il a répandu les poisons*
« *de l'aristocratie sacerdotale et nobiliaire*, fait qui de-
« meure constant par la correspondance dudit d'Anfer-
« net, et notamment par la lettre trouvée sur lui et
« écrite de sa main, avec l'adresse : « A Madame de

« Vaignon, chez Madame de Mortemer, en son château
« de Roumare....; »

« Le nommé M. G.-F. Danfernet, dit de Bures, *ex-*
« *prêtre et* EX-NOBLE, soit déclaré convaincu d'avoir été
« sujet à la déportation, et conformément aux articles
« 10, 14, 15 et 5 de la loi du 30 vendémiaire, condamné
« à la peine de mort,... etc. »

D'Anfernet, ne l'oublions pas, était noble, comme il le déclara lui-même, par conséquent, ennemi-né de la Révolution qui avait renversé tous les privilèges. Sa lettre à Mme de Vaignon, dont parle l'accusation, était une pièce très compromettante pour lui.

Cette lettre, modèle de bon ton et de parfaite convenance vis-à-vis de la personne à qui elle est adressée, annonce un homme qui avait de l'esprit, de l'instruction et l'usage du grand monde, mais malgré les expressions détournées sous lesquelles d'Anfernet cherche à déguiser sa pensée, on sent percer sa haine contre la République, et l'on devine aisément que, lorsqu'il parcourait les campagnes du pays de Caux, le soin de dire sa messe et de prêcher l'Evangile n'était pas ce qui l'occupait uniquement. Voici les passages les plus saillants de cette lettre qui figure parmi les pièces justificatives :

. . . .
. . . .

« J'ai appris avec une vive satisfaction (écrit-il à
« Mme de Vaignon), que la malheureuse paroisse de
« Roumare, après de violents orages, jouissoit enfin
« d'un calme assez raisonnable pour les circonstances.
« Celles que j'ai parcourues depuis le mois de janvier
« sont à peu près de même, surtout *depuis qu'elles ont*

« *goûté du pain d'avoine.* » (Il y avait eu cette année
là une disette très grande.) « C'est le froment des élus
« qui a plus fait *de changement dans les opinions* que les
« plus puissants motifs de la raison et de la religion.
« J'attends la réponse *à un petit mémoire que j'ai*
« *adressé à un de mes supérieurs (car il en est encore)* pour
« aller voir *si cet heureux changement aura eu quelque*
« *stabilité* ; car entre nous, le Cauchois, assez bon
« d'ailleurs, n'est pas le Pérou pour l'esprit et pour
« l'instruction ; il n'a, suivant moi, en général, de
« l'esprit que pour le maudit intérêt auquel il sacrifie
« tout, et CELA NE LAISSE PAS QUE DE DONNER DE LA
« TABLATURE A PIERRE TURPIN » (c'est le nom qu'il
s'était donné sur le faux passe-port fabriqué par lui)
« ET A QUELQUES AUTRES QUI FONT LE MÊME MÉTIER QUE
« LUI. Il faut bien que chacun ait sa peine dans cette
« vie : Tous les *honnêtes gens* en ont une portion ;
« *c'est le prix de la* LIBERTÉ qui a assez d'attraits pour
« mériter des sacrifices ; espérons que tous ceux que
« nous lui avons faits nous l'amèneront enfin, quand il
« plaira à l'Etre suprême, *si bien servi par les républicains*
« *français.*

« Vous voyez, Madame, que je suis toujours aussi
« bavard qu'à mon ordinaire. Comment ne le serois-je
« pas ? Je n'ai jamais tant parlé que depuis que j'ai
« quitté Roumare, et s'il m'étoit permis d'y retourner
« encore, j'en aurois pour plus de quinze jours à
« compter toutes mes aventures. Ce seroit pour moi
« une trop grande satisfaction pour oser l'espérer ;
« aussi *je mets cet espoir au rang de celui de la* CONTRE-
« RÉVOLUTION *dont je m'occupe aussi peu que s'il n'en*
« *avoit jamais été parlé...* »

Ce qui signifie pour quiconque sait comprendre qu'il s'occupait précisément de cette *contre-révolution* qu'il n'osait espérer encore, et pour qu'on ne s'y trompe pas, M. l'abbé Loth, dans une note à propos du mot *liberté*, avertit lui-même le lecteur que d'Anfernet se sert de mots à double sens.

Nous trouvons également dans la brochure de M. l'abbé l'explication du passage de cette lettre relatif au mémoire que d'Anfernet avait adressé à un de ses supérieurs.

« Son voyage, dit-il à la page 51, avait plusieurs
« buts. Il voulait présenter à ses supérieurs ecclésias-
« tiques un mémoire, *sans doute demandé*, sur l'état des
« soixante paroisses qu'il avait parcourues, PRENDRE
« DE NOUVELLES INSTRUCTIONS, et s'assurer par lui-même
« des changements qu'avait pu subir, depuis le 9
« thermidor, *la situation.* »

M. Loth ne s'est pas aperçu que son commentaire était la condamnation même de d'Anfernet.

Quel était l'objet traité dans ce mémoire ? De quelle nature étaient les nouvelles *instructions* que d'Anfernet allait chercher à Rouen, au péril de sa vie ? Etait-ce sur des cas de conscience qu'il désirait prendre les ordres de ses supérieurs ? Il est permis d'en douter.

Pour tous, il était évident que d'Anfernet était l'agent secret du parti de la contre-révolution, agent obscur, mais fort actif, *choisi précisément pour cette raison que n'ayant rempli aucune fonction publique il devait moins exciter les soupçons de l'autorité.*

Ce sont les expressions presque textuelles dont se sert M. Loth à la page 39 de son livre, pour représenter d'Anfernet et plusieurs autres prêtres exerçant cet *apostolat clandestin* que l'archevêque de Rouen de la Rochefoucault avait eu soin d'organiser avant son départ pour l'émigration. M. l'abbé croit que ces ordres regardaient exclusivement l'administration religieuse du diocèse. Mais cette supposition est démentie par la lettre à Mme de Vaignon, lettre qui prouve jusqu'à l'évidence que la mission dont d'Anfernet et *quelques autres qui faisoient*, dit-il, *le même métier que lui*, avaient été chargés, était une mission politique. Et c'est bien ainsi que l'entend l'accusateur public, lorsque dans son réquisitoire il lui reproche, dans le style ampoulé de l'époque, de n'avoir parcouru les communes du département que « *pour y répandre les poisons de l'aristocratie* « *sacerdotale et nobiliaire* », et ailleurs, dans l'acte d'accusation : « pour y répandre *ses opinions* et son culte « superstitieux et fanatique. » Que pouvait-il incriminer par le mot *opinions*, si ce n'étaient les opinions toutes politiques de l'accusé ?

La vérité est que parmi les contemporains de d'Anfernet, personne ne se trompa sur le motif de sa condamnation, et l'on n'eut point osé écrire, il y a soixante ans, que sa seule qualité de prêtre l'avait fait monter sur l'échafaud.

Après avoir exalté la mémoire des prêtres frappés à Paris et ailleurs pendant la Révolution, M. Loth ajoute, et ceci nous a paru mériter toute notre attention :

« QUELLES QUE SOIENT LES CIRCONSTANCES qui ont
« amené ou accompagné le sacrifice de ces généreux
« confesseurs, il est un fait qui les domine toutes,
« c'est POUR OBÉIR A L'ÉGLISE, *qui avait condamné le*
« *serment de* 1791, etc.. qu'ils ont volontairement

« embrassé la mort.... La piété des fidèles l'a toujours
« compris ainsi ; les écrivains ecclésiastiques, les
« évêques et le Saint-Siége ont été unanimes dans
« leurs louanges comme dans leur vénération. »

Ainsi ces prêtres auront conspiré, tramé des complots contre l'Etat, excité la population à la haine du gouvernement établi, provoqué la guerre civile , etc., *quelles que soient les circonstances qui auront amené ou accompagné leur condamnation,* ILS ONT OBÉI A L'ÉGLISE, et l'on devra les regarder et les glorifier comme des martyrs et des saints ! A de pareils arguments, il n'y a pas de réponse possible.

Il est regrettable que le biographe de d'Anfernet ait attaqué avec virulence des hommes dont tout le tort serait d'avoir suivi les prescriptions des lois du temps, des hommes qui gémissaient d'être forcés d'obéir à un système de terreur qui les menaçait eux - mêmes. Malgré les charges qui pesaient sur ce malheureux, ils voulaient épargner sa vie. Ils espéraient même lui fournir des moyens de salut en lui facilitant des réponses favorables à sa cause. Mais la tradition restée ici est que l'accusé se troubla, s'exalta, répondit de façon à se perdre, et que ses juges furent désolés d'être obligés de lui appliquer la loi dans toute sa rigueur.

On conçoit facilement que des procès-verbaux toujours très abrégés (M. Loth les a publiés presqu'en entier), ne renferment point des questions incidentes que les juges purent lui adresser pour essayer de le faire sortir de son système de réponse qui aggravait sa position. Ces juges devaient même peu se soucier qu'elles y fussent mentionnées ; car s'ils pressentaient que le règne de la Terreur allait disparaître, ils ne pouvaient prévoir ce qui arriverait le lendemain, et ils n'eussent point voulu qu'il restât de traces d'une indulgence qu'on eût pu faire tourner contre eux, si les terroristes avaient repris le dessus.

Voici, par exemple, une réponse relatée dans un des interrogatoires, que M. Loth n'a pas transcrite et qui vient à l'appui de ce que disaient les contemporains. A la demande qu'on lui adresse s'il ne parcourait point les différentes communes pour y remplir son ministère, d'Anfernet répond que « son projet n'était « point d'y faire l'exercice du culte, que son objet « principal était de conserver sa liberté à laquelle « il savait qu'on aurait porté atteinte comme inser- « menté » et sans qu'on lui pose à cet égard d'autre question, il ajoute, et le greffier le consigne « que « *cependant il aurait saisi avec plaisir l'occasion d'y faire* « *les fonctions du culte catholique.* » Puisqu'on ne le lui demandait pas, il était bien inutile de faire éclater ce sentiment intime qui, dans son procès, ne tendait en réalité qu'à le compromettre.

Dans ma famille où je comptais deux cousins-germains émigrés et un autre parent qui était prêtre insermenté, les sympathies étaient amplement acquises au malheureux condamné ; néanmoins on ne pouvait, tout en déplorant sa triste fin, s'empêcher de reconnaître que, s'il l'eût voulu, ou plutôt si le trouble ne fût pas entré dans son esprit, il était sauvé. Aussi tous, même ses confrères, le regardèrent comme une victime volontaire de son imprudence extrême et non comme un martyr. Ils étaient bien loin de prévoir qu'un jour viendrait où l'on exhumerait de la poussière de l'oubli, où elle était restée profondément ensevelie pendant plus de soixante ans, la mémoire d'un homme qui, follement et comme de gaîté de cœur, s'était précipité à sa perte pour défendre des priviléges de caste et des intérêts de parti ; que son nom, que jamais depuis sa mort je n'ai entendu prononcer une seule fois, pas même sous la Restauration, serait glorifié publiquement comme celui d'un saint, et qu'une pierre commémorative proposerait en exemple aux générations futures la fin si triste et vraiment déplorable de ce nouveau CONFESSEUR DE LA FOI?

Lors de son arrestation, le 16 fructidor, au moment où il passait à une heure du matin devant le poste de la poudrière de Maromme, d'Anfernet se dit tout d'abord marchand de fil. Puis, comme il voyageait, non point avec un ballot de mercerie qui offrît quelque rapport avec sa déclaration, mais bien avec deux objets prouvant tout le contraire et fort compromettants pour l'époque, une patène et un calice en argent qu'on saisit sur lui, il avoua qu'il était prêtre et, suivant le procès-verbal, « se jeta en la miséricorde des soldats « en se disant perdu. »

« C'est en vain, ajoute M. Loth, qu'il implore la
« bienveillance des soldats, qu'il fait appel à leur gé-
« nérosité et à leur commisération, en leur représen-
« tant qu'il vont le livrer à une mort certaine; ils ne
« veulent rien entendre et le conduisent à la munici-
« palité. »

Les choses devaient malheureusement se passer ainsi. D'Anfernet aurait pu sans doute attendre de la pitié de la part d'un témoin unique, qui aurait gardé le secret sur sa propre complaisance ; mais en présence de plusieurs soldats, un chef de poste exposé, dans un pareil temps surtout, à être dès le lendemain dénoncé ou même trahi involontairement par une indiscrétion de ses subordonnés, ne pouvait écouter que son devoir.

Quant au sentiment qui porta cet infortuné à implorer sa grâce, de la part d'un homme dont la vie était en un danger imminent, cette action était toute naturelle. Seulement, son appel à la pitié des soldats fera peut-être trouver quelque exagération dans le rapprochement que fait l'auteur entre les premiers chrétiens et son héros qu'il représente marchant sur leurs traces et courant au devant de la mort pour affirmer sa foi.

M. Loth dit, page 76 : « Sautereau (représentant « du peuple en mission à Rouen) et les révolution- « naires voulurent joindre l'outrage au supplice. Le « soir même (de l'exécution) on joua, par ordre, le « *Tartufe* au théâtre de la Montagne, qui était alors « le théâtre principal. Ce dessein de perversité est « évident. Il y avait longtemps qu'on n'avait mis à la « scène cette pièce de Molière. On ne la représenta « que cette seule fois, et on ne la vit plus reparaître à « l'affiche de plusieurs années. »

Il y a ici plusieurs erreurs. Pendant la Révolution, on ne joua pas, il est vrai, fréquemment à Rouen le *Tartufe*, pas plus que les autres pièces classiques de l'ancien répertoire, mais on ne l'abandonna jamais. Ainsi, on le joua aux deux théâtres, notamment aux débuts et à des intervalles de quelques mois, dans chacune des années de 1790 à 1793, et en janvier et février 1794. Il n'y avait donc pas longtemps qu'il avait été donné, lorsqu'il fut repris le 7 septembre de cette même année (21 fructidor), jour de la mort de d'Anfernet. Enfin, après cette époque, le *Tartufe* fut joué comme auparavant, au bout de quelques mois, le 1er février et le 29 mai 1795, puis le 16 mai et le 18 juin 1796. Il n'est donc pas exact de dire qu'il ne reparut plus sur l'affiche de plusieurs années.

Le *Journal de Rouen*, le seul document que l'on puisse consulter à cet égard, indique bien cette pièce à l'annonce de cette date du 7 septembre, et il n'y a pas de doute qu'elle ait été jouée. Mais si elle le fut *par ordre*, comme l'affirme M. Loth, je regrette infiniment qu'il n'ait point mis aux pièces justificatives la copie de cet ordre enjoint aux comédiens, ou que tout au moins il n'ait pas indiqué dans quelles archives il a trouvé la preuve de cette affirmation.

Or, pour pouvoir donner l'ordre de jouer cette pièce, afin d'insulter au supplice de ce malheureux, il eût fallu deviner qu'il serait condamné à mort. Pendant que cette affaire judiciaire était si promptement instruite et terminée, puisqu'elle ne dura que deux jours, les acteurs auraient-ils eu le temps de revoir leurs rôles et de faire les répétitions d'une pièce aussi importante ? Si celle-ci ne fut pas jouée quelques jours avant le 21 fructidor même, ce qui est peu probable, et ce qu'en tous cas le Journal n'indique point (quoique quotidien, il n'insérait pas chaque jour la composition du spectacle), j'ai la conviction que les répétitions commencèrent avant que d'Anfernet ne fût arrêté.

Enfin, avec le *Tartufe* on joua l'*Epreuve Villageoise*,

et s'il y eût eu injonction de donner un spectacle de circonstance, il est certain qu'à la place du charmant opéra de Grétry, l'on eût choisi une pièce du genre révolutionnaire, dont le répertoire était ici abondamment fourni. Le même ordre eût sans doute aussi été transmis au directeur du second théâtre de Rouen, Ribié, bien connu pour ses opinions exaltées, lequel n'eût pas manqué, en bon jacobin, de répondre à cette invitation, tandis que ce jour-là son spectacle se composa du *Misanthrope corrigé par l'amour* et de *Geneviève de Brabant*.

L'ordre supérieur ne me paraît donc pas avoir été donné, et j'admets encore moins que l'idée de jouer *Tartufe*, pour faire allusion à d'Anfernet, soit due à l'initiative du directeur même du théâtre, Cabousse, qui était loin d'être un terroriste. En effet, un spectacle est toujours réglé d'avance pour être communiqué aux acteurs. Suivant l'usage de l'époque, il était, dès la veille, annoncé au public, et par conséquent dans la circonstance actuelle, il avait dû l'être avant que l'affaire de d'Anfernet n'eût été ébruitée ; car ce n'est que le lendemain, le jour même de l'exécution, que les comédiens durent, comme tout le monde, apprendre en même temps que son jugement prononcé le matin même, la nouvelle de son arrestation jusque-là ignorée dans la ville.

Je dirai plus : on ne considéra pas d'Anfernet comme un hypocrite, on le prit pour un agent politique et pour un illuminé, et l'autorité devait très bien savoir que si elle eût cherché à exciter la population contre lui, celle-ci se serait mal prêtée à applaudir les allusions que le chef-d'œuvre de Molière aurait pu offrir avec la scène terrible qui venait de se dérouler, à quatre heures du soir, sur la place du Vieux-Marché, une heure avant l'ouverture du spectacle. Cette conviction se trouve corroborée dans mon esprit par ce fait même qu'on ne revit plus les jours suivants le *Tartufe* sur l'affiche.

Aussi, je le répète, tant qu'on ne m'aura pas montré la preuve de cet ordre donné au directeur du théâtre, je considérerai comme trop téméraire l'affirmation de M. Loth, et j'attribuerai à une simple coïncidence la représentation du *Tartufe* le jour de la mort de d'Anfernet.

M. l'abbé Loth ne s'est pas aperçu que, page 75, il était tombé dans une étrange contradiction. Si la foule, comme il le rapporte d'après des témoins oculaires, et je ne doute pas que cela ne soit exact, si la foule était émue et silencieuse lorsque ce malheureux fut conduit au supplice, si aucun cri de *vive la République!* ne fut proféré, pourquoi donc dit-il plus loin : « Comparez le « cortége qui l'accompagnait à l'échafaud le 7 septembre « 1794, *la plèbe sanguinaire, les roulements sinistres du* « *tambour, les hurlements du* ÇA IRA, avec la pompe qui « escortait, le 7 septembre 1865, sa pierre mouillée de « larmes et couverte de fleurs. »

L'auteur, emporté par le lyrisme de sa plume, s'est égaré dans des hypothèses impossibles, attaquant l'honneur de la population rouennaise, à la conduite de laquelle il venait cependant de rendre un pur et sincère hommage.

Quant à l'érection faite en grande pompe dans la chapelle du château de Roumare d'une pierre destinée à perpétuer le souvenir de la triste fin de d'Anfernet, beaucoup de gens ont cru voir dans la solennité extraordinaire donnée à cette cérémonie expiatoire, non pas seulement un hommage pieux rendu à la mémoire de l'ancien chapelain du château, mais surtout une occasion saisie avec empressement par certaines personnes de manifester encore une fois leur antipathie contre les hommes et les choses de la Révolution française, antipathie qu'on aurait voulu faire partager aux populations des campagnes appelées à concourir à cette fête, en les apitoyant sur le spectacle de cette catastrophe lamentable, dont la cause échappera toujours aux yeux de paysans crédules et illettrés.

D'autres ont pensé, et ceux-ci nous paraissent approcher le plus près de la vérité, que le clergé a été bien aise de proclamer mort pour la foi un prêtre que son imprudence excessive et sa raison mal réglée ont conduit à sa perte.

La plupart de ses confrères, proscrits comme lui, étaient bien éloignés d'ambitionner la couronne du martyre, et cela se conçoit. D'ailleurs, le sacrifice de leur vie eut-il avancé le retour du culte? Assurément non. La foi de plusieurs d'entre eux était singulièrement ébranlée; leur conduite ultérieure l'a bien prouvé. Il en est qui ne reprirent pas leurs anciennes fonctions ecclésiastiques, même après le Concordat. J'ai connu particulièrement un prêtre qui avait vécu dans la vie civile absolument comme un laïque. Il avait occupé plusieurs emplois. Il avait été professeur de législation à l'Ecole centrale d'un chef-lieu de département, enfin depuis plusieurs années il remplissait les fonctions de juge près d'un tribunal civil, lorsque la Restauration intervenant lui fit dépouiller sa robe de magistrat, l'obligea à reprendre sa soutane et le contraignit à aller redire sa messe qu'il avait oubliée. Cependant, cet homme s'était exposé à périr pour n'avoir pas voulu prêter le serment de *maintenir la liberté et l'égalité,* droits précieux dont nous sommes à juste titre tous jaloux, et il s'était engagé dans cette voie dangereuse, non par conviction, mais par esprit de parti.

Pour conclusion, je dirai que la première règle d'un écrivain qui va spontanément remuer le fond d'un passé douloureux, est d'éviter dans ses appréciations la légèreté aussi bien que l'exagération, tout en gémissant sur le sort des victimes que les passions politiques ou religieuses entraînent nécessairement avec elles, et j'ajouterai que dans le biographe de d'Anfernet, le prêtre a complètement effacé l'historien.

www.ingramcontent.com/pod-product-compliance
Lightning Source LLC
Chambersburg PA
CBHW060500050426
42451CB00009B/751